Émile Verhaeren

Débâcles

Dialogue

– Ô la folie ! – et la cloche tragique où pendre
Mes mains, mes pauvres mains, pour appeler la
mort !
On s'espère : dompté ; mais sans cesse reviennent
Désirs, haines, amours et pleurs qui s'entretiennent
Et le ressac toujours arrache une ancre au port.

Les vents, les vents hurleurs, les vents énergumènes
De leurs cordes me renoueront, cordes de fer,
Et mes banals gestes revideront dans l'air
Mon cœur, mon cœur humain, de ses douleurs
humaines.

– Le sort, écoute, il dit : sois ton bourreau toi-
même ;
N'abandonne l'amour de te martyriser
À personne, jamais. Donne ton seul baiser
Au désespoir ; et vis ton morose anathème.
Force ton âme, éreinte-la contre l'écueil :
Les maux du cœur qu'on exaspère, on les
commande ;
La vie, hélas ! ne se supporte et ne s'amende
Que si la volonté la terrasse d'orgueil.
La norme est la douleur. Hélas ! qui s'y résigne ?

– Vierge, je veux nouer mes tortures en moi :
Comme jadis les grands chrétiens, mordus de foi,
S'émaciaient avec une ferveur maligne,
Je veux boire les souffrances, comme un poison,
À m'en griser ; je cinglerai de mon angoisse

Mes pauvres jours, ainsi qu'un tocsin de paroisse
S'exalte à disperser le deuil sur l'horizon.

Cet héroïsme intime et bizarre m'attire :
Se préparer sa peine et provoquer son mal
Avec acharnement et dompter l'animal
De misère et de peur, qui dans le cœur se mire
Toujours, se redresser cruel et contre soi,
Vainqueur de quelque chose enfin – et moins languide
Et moins banalement en extase du vide.

– Sois ton devoir, sois ton tourment, sois ton effroi ;
Et puis, il est des champs d'hostilités tentantes
Que des hommes de marbre avec de fortes mains
Ont cultivés, il est de terribles chemins
Par où des pas battants et des marches battantes
Sont entendus : c'est là que sur tel roc vermeil
Le soir allume au loin le sang et les tueries
Et que luisent parmi les lianes flétries
Des éclatants couteaux de crime et de soleil !

Le Glaive

Quelqu'un m'avait prédit, qui tenait une épée
Et qui riait de mon orgueil stérilisé :
Tu seras nul – et pour ton âme inoccupée
L'avenir ne sera qu'un regret du passé.

Ton corps où s'est aigri le sang des purs ancêtres
Fragile et lourd se cassera dans chaque effort ;
Tu seras le fiévreux ployé sur les fenêtres
D'où l'on peut voir bondir la vie et ses chars d'or.

Tes nerfs t'enlaceront de leurs rameaux sans fèves,
Tes nerfs ! – et tes ongles s'amolliront d'ennui.
Ton front, comme un tombeau dominera tes rêves,
Et sera ta frayeur, en des miroirs, la nuit.

Te fuir ! si tu pouvais ! mais non : la lassitude
Des autres et de toi t'aura voûté le dos
Si bien, rivé les pieds si fort, que l'hébétude
Détrônera ta tête et plombera tes os.

Éclatants et claquants, les drapeaux vers les luttes,
Ta lèvre exsangue hélas ! ne les mordra jamais :
Usé, ton cœur, ton morne cœur dans les disputes,
De livre à livre et las et bas comme un marais.

Tu t'en iras à part et seul – et les naguères
De jeunesse feront un inutile aimant
Pour tes grands yeux lointains – et les joyeux tonnerres
Chargeront loin de toi, victorieusement !

Heures d'Hiver

Les molosses d'hiver, le gel, le vent, la neige,
Ô mon vieux cœur malade et plangorant aussi,
Ils hurlent à la mort, écoute ! et leur cortège
S'enfuit avec des pleurs vers le néant. Voici
Qu'ils hululent sinistrement et qu'on hulule
Vers eux, parmi les loins d'échos du crépuscule,
En réponse, là-bas. L'horizon ? c'est du sang,
Du pus et de la lèpre et de la pourriture.

Et toi, mon cœur piteux, caduque et vieillissant,
Et toi, mon incurable et nocturne blessure,
Tu sens aussi ces chiens rués à travers toi.
Oh cet interminable et novembral aboi
Des chiens, des mauvais chiens, hurleurs de clair
de lune,
Comme ils geignent ton deuil et combien
longuement
Raillent leurs cris, leurs cris de hargne et de
rancune,
Tes naufrages d'espoir et de renoncement.
L'arbre des pleurs, ainsi que les sorbiers
d'automne,
S'érige en tes songes et rouge, les festonne
Et fait tomber ses fruits et ses larmes de soir,
À lente pluie et longue – avec mélancolie !
Les lacs de tes ennuis où se viennent asseoir,
Tour y sans cesse analyser leur parélie,
Et ton vouloir et ton orgueil et ton tourment,
Ainsi que d'immenses linceuls immensément
Par les plaines et les plaines s'indéfinient.
La nature se plaint en toi de tes douleurs ;
Et vous mêlez ainsi vos doubles voix qui nient ;
Mais les échos hurleurs repoussent vos douleurs
Les voix de vos douleurs et de vos pleurs – ailleurs.

Si Morne

Et se toujours plier sur soi-même, si morne !
Comme un drap lourd, qu'aucune fleur d'argent
n'adorne.

Et se plier et se fouler et se lasser
Et se toujours en angles noirs et mats casser.

Si morne ! et se toujours interdire l'envie
De tailler en drapeaux l'étoffe de sa vie.

Tapir entre ses plis ses mauvaises fureurs
Et ses rancœurs et ses douleurs et ses erreurs.

Ni les frissons soyeux, ni les moires fondantes,
Mais les pointes en soi des épingles ardentes.

Ô le paquet si morne et jeté quelque part,
Si morne et lourd, sur un comptoir, dans un bazar.

Déjà sentir la bouche âcre des moisissures
Gluer, et les taches s'étendre en leurs morsures.

Songer, immensément emmailloté d'ennui ;
Être l'ennui qui se corrode en un étui.

Tandis que lentement dans les laines ourdies,
De part en part, mordent les vers des maladies.

Éperdument

Bien que flasque et geignant et si pauvre ! si
morne !
   Si las ! redresses-toi sur toi-même, vainqueur,
   Toi-même ; arque ta volonté contre la borne
   Et sursaute debout, rosse à terre, mon cœur.

   Exaspère sinistrement ta toute exsangue
   Carcasse et pousse au vent en des fols noirs, rougis
   De sang, ta course ; et flaire et lèche avec ta langue
   Ta plaie et lutte et butte et tombe – et ressurgis !

   Tu n'en peux plus et tu n'espères plus ;
qu'importe !
   Puisque ta haine immense encor hennit son deuil,
   Puisque le sort t'enrage et que tu n'es pas morte
   Et que ton mal cinglé se cabre en ton orgueil.

   Et que ce soit de la torture encore ! encore !
   Et belle et folle et rouge et foule et le désir
   De se boire de la douleur par chaque pore,
   Et du vertige et de l'horreur – et le plaisir,

   – Ô ma rosse de souffre et d'os que je surmène, –
   Celui, jadis, là-bas, en les minuits du Nord,
   Des chevaliers d'éclair sur leurs chevaux d'ébène
   Qui s'emballaient en rut du vide – et vers la mort !

Prière

Lunes du gel dans les grottes de l'or nocturne,
Glaives d'acier, lames d'argent, éclairs de fer,
Minuit silencieux, qui t'ériges dans l'air
Comme une volonté dardante et taciturne,

Voici mon cœur pour les couteaux de tes silences,
Et mes amours pour tes linceuls et tes tombeaux,
Minuit clair et lointain, voici pour tes flambeaux
Mon grand rêve brisé comme un combat de lances.

Vers tes éternités mes yeux lèvent leur flamme,
Et mes bras éreintés de l'enlacement vain,
Vides, sont implorants de ton conseil d'airain,
Minuit rigide et froid sur le deuil de mon âme.

Que de regards défunts, que de regards, naguère
T'ont, eux aussi, fixé pendant leur désespoir,
Obstinément et longuement fixé, le soir,
Quand l'hiver bâtissait sa maison mortuaire.

Il ne restera rien de ce qui fut ma plainte
Et tout homme travaille à son inanité ;
Minuit tranquille et mort, de ton éternité
Gèle en mon cœur mes pleurs, ma voix, et toi, ma crainte !

Vers l'Enfance

Aimer ? – fini. Vouloir connaître en cor ? – Eh
bien ?
Les passions d'esprit et de savoir ? – Vidées.
Alors, viens voir ton bel ange gardien, le tien,
Qui te revient s'asseoir sur tes tombeaux d'idées.

Il te parle très doucement de l'autrefois.
Écoute : et les saluts, jadis, à l'oratoire,
Et les Noël et les Pâques et puis les Croix
Et les âmes des tiens qui sont en purgatoire.

Écoute : et les premiers alléluias chantés,
Et le samedi soir les bonnes litanies,
Et les psaumes de nef en nef répercutés
Et lents, aux pas égaux de leurs monotonies.

Écoute : et les processions et puis encor
Les ex-votos en Mai dressés sur des estrades,
Et la Vierge Marie, avec son Jésus d'or,
Et les enfants de chœur qui sont des camarades.

Écoute : et du petit village il s'en souvient
Ton cœur ; écoute : et puis accueille en confiance,
En cette heure d'ennui ton bon ange gardien,
Le tien, qui te rhabillera de ton enfance.

Hélas ! doux, tranquille et clair, il ne ferait
Qu'un bruit sur mon cerveau de blanches
étincelles,
Que mon absurdité bougonneuse viendrait
Lui déchirer les yeux et lui casser les ailes.

Conseil Absurde

Autant que moi malade et veule, as-tu goûté
Pourtant, quand tu ployais sous les fièvres brandies,
Quand tu mâchais l'orviétan des maladies,
Le coupable conseil de l'inutilité ?

Et doux soleil qui baise un œil éteint d'aveugle ?
Et fleur venue au tard décembral de l'hiver ?
Et plume d'oiselet soufflée au vent de fer ?
Et neutre et vide écho vers la taure qui meugle ?

Ô les rêves du rien en un cerveau mordu
D'impossible ! s'aimer dans son effort qui leurre !
Se construire pour la détruire une demeure !
Et se cueillir pour le jeter un fruit tendu !

Hommes banals, ceux-là qui croient à leur génie
Et fous ! et qui peinent, sereins de vanité ;
Mais toi, qui t'es instruit de ta futilité,
Aime ton vain désir pour sa toute ironie.

Regarde en toi l'illusion de l'univers
Danser, dresse ton âme à n'être point sa dupe,
Agis gratuitement et sans remords ; occupe
Ta vie absurde à t'orgueillir de son revers.

Songe à ces lys royaux, à ces roses ducales,
Fiers d'eux-mêmes et qui fleurissent à l'écart,
Dans un jardin, usé de siècles, quelque part,
Et n'ont jamais courbé leurs tiges verticales.

Inutiles pourtant, inutiles et vains,
Parfums demain perdus, corolles demain mortes,
Et personne pour s'en venir ouvrir les portes
Et les faire servir au pâle orgueil des mains.

Là-Bas

Désir d'être soudain la bête hiératique,
    D'un éclat noir, sous le portique
    Escarbouclé d'un temple, à Benarès !

Gueule tordue, avec de courbes dents livides,
    Masque divin et criminel,
    Avec de grands yeux vides,
Avec, sous le front d'or, un œil d'or éternel.

Sous le plafond de marbre noir, à Benarès.

Ils arrivent les enfants clairs – et leurs guirlandes
De vêtements lactés tournent au promenoir,
Ô les petites mains ! les mains, avec des brandes,
    Qui s'en viennent, jointes, ainsi qu'un double
espoir,
    Les mains en fleur, prier, à Benarès, l'Idole.

Ils arrivent les vieux voyants usés, les pâles
De jeûne et de cilice, ils arrivent, les os
Rompus, les regards droits, la voix nouée en rales,
Le sein vide et blanchi comme d'anciens tombeaux,
Ils arrivent prier, à Benarès, l'Idole.

        Désir d'être soudain la bête hiératique
        D'un éclat noir sous le portique
        Escarbouclé d'un temple, à Benarès.

Être ce néant de bronze et d'or inéluctable
Et merveilleux, vers qui les inlassables bras,
Les bras ! les bras ! de la douleur incommutable

Comme des rameaux fous s'épouvantent d'en bas.
Et s'imposer à la crédulité, pour mordre
Les doux cœurs confiants et la priante chair

14

Et les larmes et les sanglots et mordre et tordre
Toute cette humanité de tonnerre et d'éclair
Foudroyée et s'orner d'horreur et de contrainte,
La mordre et tordre en son appel et son tourment
Et sa misère allante et ballante et sa plainte
La sans cesse toujours la même, infiniment.
Et se complaire à se sentir cruel et fourbe :
La bête immensément d'ébène et de granit
Et de corne et de roc, par au-dessous la tourbe
De ces toujours mêmes pleureurs vers l'infini
Et les haïr et regretter son impuissance
Non pour les secourir, mais pour rageusement
Les affoler et se prouver sa malfaisance.

Désir d'être soudain cette idole qui ment !

Ils arrivent les amants doux, comme les lampes,
Le soir, dans le feuillage éteint, au loin, là-bas,
Ils arrivent doux et pleins de soir, le long des rampes,
Ils arrivent, par deux, les bras liés aux bras,
Tristes et doux, prier, à Benarès, l'Idole.

Ils arrivent les pèlerins lointains, les mornes
De la misère et de la faim, les las d'avoir
Un corps, ils arrivent de loin, les malitornes,
Les éclopés et les lépreux au réservoir
Miraculeux, prier, à Benarès, l'Idole !

Désir d'être soudain la bête hiératique
        D'un éclat noir sous le portique
        Escarbouclé d'un temple à Benarès

Et regarder, témoin impassible et tragique,
Dardés, les yeux de fer, et les naseaux, hagards,
Droit devant soi, là-bas, un ciel mythologique,

Où le Siva terrible échevèle ses chars,
Par des ornières d'or, à travers les nuages :

15

Scintillements d'essieux et tonnerres de feux,
Étalons fous cabrés sur des tas de carnages ;
Rouge, la mer au loin et ses millions d'yeux !
Et devant ce décor incendié, maudire
L'homme niais et nul, qui se gave d'espoir,
Alors qu'un symbolique et quotidien martyre
Saigne son âme en croix aux quatre coins du soir.

Pieusement

La nuit d'hiver élève au ciel son pur calice.

Et je lève mon cœur aussi, mon cœur nocturne,
Seigneur, mon cœur ! vers ton pâle infini vide,
Et néanmoins, je sais que rien n'en pourra l'urne
Combler, et que rien n'est dont ce cœur meurt
avide ;

Et je te sais mensonge et mes lèvres te prient
Et mes genoux ; je sais et tes grandes mains closes
Et tes grands yeux fermés aux désespoirs qui crient,
Et que c'est moi, qui seul, me rêve dans les choses ;
Ayez pitié, Seigneur, de ma toute démence,
J'ai besoin de pleurer mon mal vers ton silence !…

La nuit d'hiver élève au ciel son pur calice !

Vers le Cloitre

Je rêve une existence en un cloître de fer,
Brûlée au jeûne et sèche et râpée aux cilices,
Où l'on abolirait en de muets supplices,
Par seule ardeur de l'âme enfin, toute sa chair.

Morne horreur de foi si mornement sentie !
Quand notre corps nous boude et que nos nerfs, la
nuit,
Rivent sur nos vouloirs leurs cagoules d'ennui,
Avec leurs mornes doigts de fièvre et d'inertie.

Bras d'étoupe, jambes flasques, torse en clairvoir !
Dites, ces plombs de maladie en tous les membres,
Et la toute torpeur des torpides novembres,
Et le dégoût de se toucher et de se voir ?

Et les mauvaises mains tatillonnes de vice
Encor et lentement cherchant sur les couffins,
Et des mousses de ventre et des grappes de seins
Et les tortillements dans le rêve complice ?

Je rêve une existence en un cloître de fer,
Brûlée au jeûne et sèche et râpée aux cilices,
Où l'on abolirait en de muets supplices,
Par seule ardeur de l'âme enfin, toute sa chair.

Et s'imposer le gel des sens, quand le corps brûle ;
Et se tyranniser et se tordre le cœur,
– Hélas ! ce qui en reste – et tordre avec rancœur
Jusqu'au regret d'un autrefois doux et crédule.

Se cravacher dans sa pensée et dans son sang,
Dans son effort, dans un espoir, dans son
blasphème ;
Et s'exalter de ce mépris, vain lui-même
Mais qui rachète un peu l'orgueil dont on descend.

Et se mesquiniser en pratiques futiles
Et se faire petit et n'avoir qu'âpreté,
Pour tout ce qui n'est point d'une âcre nullité,
Dans le jardin vanné des floraisons hostiles.

Je rêve une existence en un cloître de fer,
Brûlée au jeûne et sèche et râpée aux cilices,
Où l'on abolirait en de muets supplices
Par seule ardeur de l'âme enfin, toute sa chair.

Oh la tranquille rage à s'écraser, la hargne
À se tant torturer, à se tant amoindrir,
Que tout l'être n'est plus vivant que pour haïr
Et se fait de son mal sa joie et son épargne.

N'entendre plus ses cris, ne sentir plus ses pleurs,
Mâter son instinct noir, tuer sa raison traître,
Oh le pouvoir et le savoir ! Être son maître
Et les avoir cassés les crocs de ses douleurs !

Et peut-être qu'alors, par un soir salutaire,
Une paix de néant s'installerait en moi ;
Et que sans m'émouvoir j'écouterais l'aboi,
L'aboi tumultueux de la mort volontaire.

Je rêve une existence en un cloître de fer.

Les Vêpres

Là-bas cette existence en noir de grandes vieilles,
Par les enclos en noir et les porches d'église,
Cette existence et de prières et de veilles,
Le soir, sous leurs mantes en noir, qu'immobilise,
Et pendant des heures et des heures, l'extase
Au pied d'un ostensoir, le soir, dans des chapelles
De cathédrale en noir ; et la claustrale emphase
Du culte et des moines mitres et des flabelles,

Le soir, sur ces vieilles en noir, dont les mains
jaunes
Tendent en croix leurs désespoirs et leurs misères,
Vers les autels immensément et vers les trônes,
Là-bas, ornés d'argent, de feux et de rosaires,
Le soir, au fond des chapelles en noir ; et l'ombre
Des grands piliers sur les dalles, droite-allongée,
Ainsi qu'un bras de soir et de volonté sombre
Vers ces vieilles en noir, dont la ferveur figée
Grandit l'hiératique allure évocatoire,
Au fond des chapelles en noir ; et les martyres
Et les saintes et la série incantatoire
Des longs cierges et le grésillement des cires,
Le soir, sur de lourds trépieds noirs, dans les
chapelles
En noir ; et ce Jésus, vieux de siècles et triste,
Ce Christ en noir du soir, dont les loques charnelles
Pendent après la croix et dont le nom persiste,
Le soir, dans le vieux cœur en noir des grandes
vieilles,
Aussi dans le vieux cœur en noir de leurs mémoires.
Et comme elles, s'user à des marmonnements,
Et comme elles, rouler, en uniformes moires,
Les jours après les jours, toujours, et les moments,
Les toujours mêmes jours pieusement ; et comme

Elles, passer vers un effacement en noir,
Et comme elles vivent, vivre, presqu'en un somme
De sans cesse oraisons autour des croix de soir,
Au fond des chapelles en noir ; revivre en litanies
Sa peine et sa rancœur et tout son désespoir
Et ses lasses douleurs de vivre indéfinies,
Là-bas, le soir, au fond des chapelles en noir !

Heure D'Automne

C'est bien mon deuil, le tien, ô l'automne dernière !
Tocsins que roule au vent du nord la sapinière,
Feuillaison d'or à terre et feuillaison de sang
Sur les mousses dorée ou des marbres d'étang
Pleurs des arbres, mes pleurs, mes pauvres pleurs
de sang.

C'est bien mon deuil, le tien, ô l'automne dernière !
Secousses de colère et rages de crinière,
Buissons battus, mordus, hachés, buissons crevés
Au double bord des longs chemins, sur les pavés,
Bras des buissons, mes bras, mes pauvres bras
levés.

C'est bien mon deuil, le tien, ô l'automne dernière !
Quelque chose là-bas, broyé dans une ornière,
Qui grince immensément ses désespoirs tordus
Et qui se plaint ainsi que des arbres fendus,
Cris des lointains, mes cris, mes pauvres cris
perdus.

Mes Doigts

Mes doigts, touchez mon front et cherchez là,
Les vers qui mangeront, un jour, de leur morsure
Mes chairs, touchez mon front, mes maigres doigts, voilà
Que mes veines déjà comme une meurtrissure
Bleuâtre étrangement en font le tour, mes las
Et pauvres doigts – et que vos longs ongles malades
Tapotent creux déjà sur mes tempes leurs glas,
Leurs glas de bois, mes secs et mornes doigts !

Touchez ce qui sera les vers, mes doigts d'opale,
Les vers, qui mangeront pendant les vieux minuits
Du cimetière, avec lenteur, mon cerveau pâle,
Les vers, qui mangeront et mes dolents ennuis
Et mes rêves dolents et jusqu'à la pensée,
Qui lentement incline, à cette heure, mon front
Sur ce papier, dont la blancheur, d'encre blessée.
Grouille les vers de ma dure écriture.

Et vous aussi, mes doigts, vous deviendrez des vers,
Après les sacrements et les miséricordes,
Mes doigts, quand vous ferez immobiles et verts
Dans le linceul, sur mon torse, comme des cordes,
Mes doigts, qui m'écrivez, ce soir de rauque hiver,
Quand vous serez noués – les dix – sur ma carcasse
Et que s'écrasera sous un cercueil de fer
Cette orde carcasse, qui déjà casse.

Au Lion

Eau qui s'égoutte en des caves, pleurs des lumières,
Sous des porches de fer, où s'engouffrent des voix,
Pignons crasseux, greniers obscurs, mornes
larmières,
Et gouttières régulières au long des toits,
Et blocs de fonte et crocs d'acier et cols de grues
Et puis, au bas des murs, les sans-cesse clapots
Des pas et des chevaux sur le pavé des rues,
Et les toujours clapots des flots contre les flots ;
Et le vaisseau plaintif qui dort et se corrode
Dans les havres et souffre et les poumons criards
Des machines et le mystérieux exode
Des navires silencieux vers les hasards

Des caps et de la mer affolés en tempêtes ;
Ô mon âme ! quel s'en aller et quel souffrir
Et quel vivre toujours pour les rouges conquêtes
De l'or, quel vivre et quel souffrir et quel mourir !

Pourtant regarde au loin s'illuminer les îles,
Fais ton rêve d'encens de myrrhe et de corail,
Fais ton rêve lascif vers de roses asiles,
Fais ton rêve éventé, par le large éventail
De la brise océane au clair des étendues ;
Et songe aux Orients et songe à Benarès,
Songe à Thèbes, songe aux Babylones perdues,
Songe aux siècles tombés des Sphinx et des
Hermès,
Mon rêve – et ces bêtes d'airain au feuil des
porches
Et ces colosses noirs broyant des léopards
Entre leurs bras et ces processions de torches
Et de prêtres, par les forêts et les remparts,

La nuit, sous l'œil dardé des étoiles australes ;
Oh mon rêve d'adieux de spleens et de lointains,
Songe aux golfes, songe aux déserts, songe aux lustrales
Caravanes, en galop blanc dans les matins,

Songe qu'il est peut-être encor, par la Chaldée,
Quelques pâtres, hagards de soir et d'infini,
Dont la bouche jamais n'a pu crier l'idée ;
Et va par tes chemins de fleurs et de granit
Et va si loin et si profond dans ta mémoire,
Que l'heure et le moment s'abolissent pour toi.

Impossible ! voici la boue et puis la noire
Fumée et les tunnels et le ballant beffroi
Ballant son glas dans la brume et qui refasse
Toute ma peine tue et toute ma douleur,
Et je m'enfuis, les pieds collés à cette crasse,
Dont les odeurs montent et puent jusqu'à mon cœur.

S'amoindrir

En ce minuit de force à bas, combien j'envie !
– Demain j'aurai changé – tout ce qui circonscrit :
Les pratiques toutes humbles de cette vie
Qu'on mène en des villes de simple et pauvre esprit.

Voici : me rabaisser à des niaiseries :
Petites croix, petits agneaux, petits Jésus,
Petite offrande douce aux petites Maries,
En des niches, avec des fleurs peintes dessus.

Prière à jointes mains en des recoins d'église ;
Et se recommencer enfant, avec calcul,
Un mot ! qui dans son bruit toujours le même, enlise
Et vous endorme en un ronron pieux et nul.

Et les benoits conseils savourés à confesse ;
Et les fermes propos de se garer en Dieu
Contre toute surprise et contre toute adresse
Du rouge enfer, où les démons brassent du feu.

Et se sécher le cœur de soins et de scrupules
Et de soucis : jeûnes furtifs ; vœux aigrelets,
Et ce grignotement aux choses minuscules
Lèvres pour oraisons et doigts pour chapelets.

Et se blottir l'esprit en le damier des sectes
Et travailler toujours en un coin plus dévot,
Jusqu'à miner enfin, avec des dents d'insectes,
Le vertical palais d'orgueil de son cerveau.

Heures Mornes

Hélas, quel soir ! ce soir de maussade veillée.
Je hais, je ne sais plus ; je veux, je ne sais pas ;
Ah mon âme vers un néant s'en est allée,
Vers un néant très loin, je ne sais où, là-bas !

Il bat des glas, des tas de glas dessus ma tête ;
Le vent, il corne à mort – et les cierges bénits
Qu'on allumait pendant l'affre de la tempête,
Les bons cierges se sont éteints et sont finis.

Cela se perd, cela s'en va, cela se disloque.
Cela se plaint en moi si monotonement,
Et cela semble un cri d'oiseau qui s'effiloque
Qui s'effiloque au vent d'hiver, lointainement.

Oh ces longues heures après ces longues heures
Et sans trêve toujours et sans savoir pourquoi
Et sans pourquoi pleurer des angoisses majeures ;
Oh ces longues heures d'heures à travers moi.

Une torture ? – Oh vous qui les savez si mornes,
Ces nuits mornes, et qui dansez, au vent du Nord,
Ruts d'ouragan, sur les chemins et les viornes,
Sur les chemins et les chemins et sur la mort.

Une torture en moi d'ennui qui se macère ?
Une torture à pleins éclairs comme des faulx
Et des sabres, par à travers de ma misère ;
Une torture en moi de clous et de marteaux ?

Là, ces nocturnes croix au carrefour des routes,
Ces croix ! et n'y pouvoir saigner son cœur ; ces
croix !
Où s'accrochent des cris d'espace et de déroutes,
Ces cris et ces haillons d'espace et de grands bois.

Ces cris ! et la fureur éparse et la toute tempête,
Et brusque, un grincement d'hostilité si noir,
Par à travers le mal éclaté de ma tête,
Que c'est mon âme entière en lambeaux par le
soir !

Rêve Rouge

En ces heures de vice et de crime rigides !
Se rêve un meurtre ardent, que la nuit grandirait
De son orgueil – plafond d'ébène et clous algides –
Et de la toute horreur de sa noire forêt,
Là-bas, quand parmi les ombres qui se menacent,
Au clair acier des eaux un glaive d'or surgit
Vers les rages qui vont et les haines qui passent.

– Et pieds mystérieux, pieds de marbre, sans bruit
Là, quelque part, aux carrefours, en des ténèbres –

Un silence total ferme la plaine, au loin,
Le ciel indifférent voile ses clairs algèbres
Et rien, pas même Dieu, ne semble être témoin.
Tous les mêmes y lamés de lune et tous les mêmes
D'écorce et de rameaux, comme un effarement,
Sur double rang, là-bas, jusqu'aux horizons blêmes,
Muets et seuls, des arbres vont, infiniment.

– Un grand éclair nerveux au bout d'un poing logique,
Et puis un râle à peine ouï par les taillis –

Et de la gorge ouverte et tordue et tragique
Un sang superbe et rouge en légers gargouillis
Coule comme un ruisseau de corail parmi l'herbe
Et des vêtements clairs s'épand sur le sol noir.
La voix assassinée éclate en bouche acerbe
Et les regards derniers fixent comme un espoir
Quelque chose, là-bas, qui ferait la justice.

– Soudain voici la peur de ce cadavre froid
Et la peur de la peur crédule et subreptice –

Et vivement, avec des pleurs et de l'effroi,
Avec des mains repentantes et caressantes

Pour apaiser ce mort soudain et qui sera
Le fantôme des nuits seules et malfaisantes,
Le fantôme ! quel est celui qui s'en viendra
Baisser sur ces grands yeux les paupières tombales
Et ces lèvres fermer, silencieusement.

– Et les remords choquent les fers de leurs
cymbales
Et le voici qui peut tomber le châtiment –

Alors ouvre ton âme et déguste l'angoisse
Et le mystère enclos aux caves de ton cœur,
Un flambeau qu'on déplace, une étoffe qu'on
froisse,
Un trou qui te regarde, un craquement moqueur
Quelqu'un qui passe et qui revient et qui repasse

Te feront tressaillir de frissons instinctifs
Et tu te vêtiras d'une inédite audace ;
D'autres sens te naîtront, subtils et maladifs,
Ils renouvelleront ton être usé de rages,
Et tu seras celui qui fut sanglant un peu,
Qui bondit de soi-même et creva les mirages
Et biffant une vie a fait œuvre de Dieu !

La Fête

Sur un échafaud d'or tu porteras ta tête
Et sonneront les tours et luiront les couteaux
Et tes muscles crieront et ce sera la fête
La fête et la splendeur du sang et des métaux.

Et les pourpres soleils et les soirs sulfuriques,
Les soirs et les soleils escarbouclés de feux,
Verront le châtiment de tes crimes lyriques
Et fils savent mourir ton front et tes grands yeux.

La foule, en qui le mal grandiose serpente,
Taira son océan autour de ton orgueil,
La foule ! – et te sera comme une mère ardente,
Qui, rouge et froid, te bercera dans ton cercueil.

Et vicieuse ainsi qu'une floraison noire,
Où murissent de beaux poisons, couleur d'éclair,
Et despotique et fière et grande, ta mémoire !
Et fixe et roide, ainsi qu'un poignard dans la chair.

Sur un échafaud d'or tu porteras ta tête
Et sonneront les tours et luiront les couteaux
Et tes muscles crieront et ce sera la fête
La fête et la splendeur du sang et des métaux.

Inconscience

L'âme et le cœur si las des jours, si las des voix,
Si las de rien, si las de tout ; l'âme salie ;
Quand je suis seul, le soir, soudainement, parfois
Je sens pleurer sur moi l'œil blanc de la folie.

Celui, si triste hélas ! qui s'en alla, là-bas,
– Pâle œil désenchanté de la raison méchante –
Rêver à quelque chose au loin, qu'on ne voit pas,
Mais qui chante, qui chante et chante au loin, qui
chante !

Morne crapaud blotti sous les roses, tout seul !
Si seul ! – morne crapaud pleureur de lune,
appelle !
Appelle ! Et vous, petites fleurs, pour le linceul
De mon cerveau, l'ensevelisseuse vient-elle ?

Être l'errant au monde et le pauvre de soi,
Avec le feu tremblant d'une âme qui tremblote
Derrière une main frêle, et ballotte son moi,
Qui tremblote, comme un reflet dans l'eau ballotte.

Passer inconscient et se faire l'ami
Du rien qui vole : insecte, et de l'aile. Naguère,
Avant que ne sortit du somme, l'endormi,
Le premier homme, on a vu mes pareils sur terre.

– Oiseaux, c'étaient des oiseaux vifs, oiseaux naïfs,
Éphémères oiseaux, qu'une branche balance ; –
Ils s'arrêtaient ouïr des bruits de soir, furtifs ;
Soudain, ils s'arrêtaient, hallucinés d'enfance.

Ayez amour pour eux, ayez amour un peu !
Ils sont les charmeurs lents, là-bas, des brises
lentes :

Leurs doigts, qui n'ont jamais touché le mauvais feu,
Dansent des airs lointains sur des flûtes tremblantes.

Les puérils et les vaguants, mais loin du mal,
Et les follets aussi par les bruyères vertes :
Hamlet rirait peut-être hélas ! mais Parsifal,
Ô Parsifal, bénin et clair, comprendrait certes !